INSTRUCTIONS

DE

MM. LES ÉLUS GÉNÉRAUX

DES ÉTATS DE BOURGOGNE,

Des 13 avril et 10 juin 1790,

Concernant les rôles de supplément sur les ci-devant
Privilégiés, pour les six derniers mois de l'année
1789.

LETTRES DE COMMISSIONS

DU ROI,

Tant pour la confection desdits rôles de supplément, que
pour la répartition des impositions de 1790.

ET

INSTRUCTIONS,

PUBLIÉES PAR ORDRE DU ROI,

Sur la manière d'opérer les compensations de la moitié
des quittances de décimes ou de capitation, payées par
les ci-devant Privilégiés.

À DIJON,

DE L'IMPRIMERIE DE P. CAUSSE.

M. DCC. XC.

INSTRUCTION

CONCERNANT

La confection des rôles de supplément pour les six derniers mois de l'année 1789.

Du 13 Avril 1790.

Par la Commission du Roi, du 21 mars de la présente année, les Elus généraux sont chargés de procéder aux opérations nécessaires pour assurer, dans le Duché de Bourgogne, Comtés et Pays adjacens, les Décrets de l'Assemblée nationale, relatifs aux rôles de supplément sur les ci-devant privilégiés, pour les six derniers mois de l'année 1789. Sa Majesté, en leur confiant ce soin, les oblige d'adresser à toutes les municipalités, les mandemens et instructions qui peuvent leur être nécessaires.

Les municipalités devant s'occuper de tous les détails relatifs à la confection des rôles de supplément, et y procéder de manière à procurer aux Elus généraux, les moyens de juger les contestations qui pourroient survenir ; il est important de faire connoître aux municipalités , après avoir bien développé le sens des Décrets , en quoi le nouveau régime des impositions diffère de l'ancien , et les précautions qu'elles peuvent prendre , pour établir une proportion assez juste entre l'imposition des ci-devant privilégiés pour les six derniers mois 1789 , et celle que les anciens contribuables ont supportée dans le cours de la même année.

Les articles II et III du Décret du 26 septembre 1789 , sont les seuls qui concernent les rôles de supplément. Le Décret du 28 novembre , est une interprétation de l'article II du Décret du 26 septembre ; et le Décret du 17 décembre , ne laisse aucun doute sur les dispositions que renferme celui du 28 novembre. Quoique ces différens Décrets soient imprimés à la suite de la Commission , et que les articles de cette Commission en renferment le développement , il ne sera pas inutile de prévenir les incertitudes que quelques personnes pourroient encore concevoir à ce sujet.

Les privilégiés doivent être imposés , en Bourgogne et dans les Pays adjacens , à toutes les impositions ordinaires que les anciens contribuables ont supportées en 1789. Par impositions ordinaires et directes , on entend vulgairement la taille , la capitation et accessoires ; et quoique la Bourgogne ne fût pas, à proprement parler, sujette à l'imposition de la taille, nous emploirons cette expression, conformément à l'usage, pour éviter toute équivoque. Les ci-devant privilégiés seront donc imposés pour tous les objets énoncés dans le mandement des tailles envoyé aux communautés, pour l'année 1789.

Par privilégiés, il faut entendre tous ceux qui n'étoient point imposés à la taille, soit en totalité, soit en partie, de quelque qualité, état, condition ou profession qu'ils puissent être.

La capitation étoit, pour les taillables, une des impositions accessoires de la taille ; et cependant quelques personnes, et même des communautés entières n'étoient imposées qu'à la capitation, soit en vertu d'un titre quelconque, soit par un usage abusif. Les personnes et les communautés dont il vient d'être parlé, seront comprises dans les rôles de supplément des six derniers mois 1789.

L'imposition des ci-devant privilégiés sera faite dans le lieu de la situation des biens, conformément aux Décrets de l'Assemblée nationale, du 28 novembre et du 17 décembre 1789 ; c'est-à-dire que celui qui a du bien dans dix communau-

tés différentes, sera imposé dans chaque communauté, pour la quantité de biens qu'il y possède ;
et qu'il lui sera ouvert dix quotes au lieu d'une :
à cet égard, l'imposition des privilégiés différera
pour la forme, de celle des anciens contribuables
en 1789 ; mais elle ne doit point différer dans la
proportion, et par conséquent dans la quotité.
Pour rendre cette vérité sensible, il faut supposer
qu'un ancien contribuable et un ci-devant privilégié ont, dans dix communautés différentes, autant
de bien l'un que l'autre. S'il est constant que
l'imposition de l'ancien contribuable a été de 600
livres pour l'année 1789, il est clair que le ci-
devant privilégié n'étant imposé que pour les six
derniers mois, ne doit l'être qu'à cent écus ; alors
la proportion de l'imposition sera parfaitement
exacte : mais l'ancien contribuable n'a été imposé
à 600 livres, qu'au lieu de son domicile ; au
lieu que le ci-devant privilégié sera imposé dans
dix communautés ; c'est, à la vérité, un chan-
gement dans la forme de l'imposition, mais il n'en
résulte pas une augmentation de quotité ; car, si
ses propriétés et ses facultés étoient absolument
les mêmes dans les dix communautés, il paieroit
30 livres dans chacune : ces dix quotes réunies,
ne porteroient jamais son imposition qu'à 300
livres.

Quel étoit l'inconvénient qui résultoit de l'imposition faite au lieu du domicile ? Il n'est pas inutile d'en donner une idée. Les asséeurs, chargés de fixer le montant de chaque quote, avoient bien peu de moyens pour constater les propriétés et facultés que le domicilié qu'ils imposoient, pouvoit avoir dans d'autres communautés : s'ils les exagéroient, l'imposition étoit trop forte ; s'ils en diminuoient la valeur, l'imposition étoit trop foible ; il en résultoit une surcharge pour les autres contribuables. L'Administration elle-même, qui déterminoit le montant de l'imposition d'une communauté, pouvoit aussi être trompée. Ses opérations étoient déterminées par des proportions anciennes, qu'il n'étoit pas toujours facile de vérifier : elle remédioit par de nouveaux pieds de taille, ou rôles d'office, aux inégalités choquantes dans chaque communauté ; mais ces opérations nécessitoient des frais, elles ne pouvoient d'ailleurs que corriger en partie les vices de la répartition, sans en détruire absolument les causes ; les asséeurs des communautés pouvoient induire à erreur les Commissaires de l'Administration, et cependant leurs voix étoient et devoient toujours être prépondérantes.

Pour savoir au juste quelle devroit être l'imposition d'une communauté, il faudroit aujourd'hui connoître quels sont les biens des anciens contribuables dans le territoire d'une seule communauté ; quelle est la quotité des propriétés qui appartiennent à des forains ; enfin, il faudroit savoir quelles sont, dans cette même communauté, les propriétés des ci-devant privilégiés, tant ecclésiastiques que laïcs. Si l'on avoit les mêmes renseignemens sur toutes les communautés de la Province, on pourroit agir avec certitude : c'est le travail dont l'Assemblée nationale espère de déterminer le plan, pour les impositions de 1791. Comme il ne s'agit ici que des rôles de supplément pour les six derniers mois 1789, il suffit d'indiquer combien il est important que MM. les Officiers municipaux sachent dans quelle proportion les anciens contribuables ont été imposés pour l'année entière 1789, relativement à leurs propriétés et à leurs facultés ; ce ne sera qu'à la faveur de cette connoissance, qu'ils pourront régler l'imposition que doit supporter chacun des ci-devant privilégiés.

Une différence encore essentielle dans la forme de l'imposition, c'est que l'Administration ne fixe pas et ne peut pas fixer le montant de la somme à répartir sur les ci-devant privilégiés d'une même communauté. Elle ne saura le montant de

cette imposition, dans chaque communauté, qu'a-
près l'avoir constaté par la vérification des rôles
auxquels auront procédé MM. les Officiers municipaux.

Après avoir indiqué les principales difficultés des
opérations dont les municipalités vont être chargées, il est impossible de dissimuler qu'elles exigent
la plus sérieuse attention ; qu'elles doivent être di-
rigées avec autant d'intelligence que d'impartialité : les municipalités ne manqueront pas d'y
donner tous leurs soins, si elles sont persuadées,
(et les apparences doivent les porter à le croire)
que les anciens contribuables seront imposés pour
1790, dans chaque communauté, d'après les
mêmes principes, et sur les mêmes bases. Il est
à propos que l'on sache, dès à présent, que toutes
les proportions anciennes de communauté à communauté, vont devenir nulles, lorsqu'il s'agira
de procéder aux impositions de 1790, et qu'il sera
presque totalement impossible de faire une compa-
raison exacte, ni même un calcul approximatif
de l'imposition de 1790, et de celle de 1789,
dans chacune des communautés où il existe des
biens appartenans à des forains, et à des ci-devant
privilégiés.

Ces observations générales paroissent suffisantes,

et l'on croit maintenant convenable d'analyser chaque article de la Commission, et d'en rapprocher les dispositions de celles des Décrets de l'Assemblée nationale. Par ce procédé, toutes les réflexions particulières qu'exigeront chaque article, serviront de commentaire à toutes les observations précédentes.

L'article premier recommande l'exactitude des recouvremens arriérés de l'imposition de 1789 et des années antérieures. MM. les Officiers municipaux peuvent, à cet égard, seconder efficacement les efforts des Administrateurs, qui ne peuvent et ne doivent point leur laisser ignorer que la masse des impositions qui restent à payer, est encore très-considérable. Les Administrateurs sont instruits des torts qu'ont faits l'année dernière aux différentes récoltes, les gelées, les débordemens des eaux, et la grêle : ils savent que beaucoup de communautés ont été victimes de ces fléaux; la cherté des grains est une nouvelle plaie pour tous ceux qui n'ont point de propriétés, pour les propriétaires même qui cultivent peu de blé, et sur-tout pour ceux qui ont été victimes de quelques-uns des fléaux dont il vient d'être parlé ; mais les propriétaires qui n'en ont éprouvé aucun, les fermiers, dont la cherté des blés ac-

croît les richesses, devroient s'empresser d'acquitter leurs subsides : soulagés par la suppression
de la corvée, par celle de la milice, par la
réduction du prix du sel ; quels sont ceux dont
les revenus ne sont pas augmentés, et qui
n'aient payé beaucoup moins depuis six mois,
que les années précédentes ? Les ouvriers des
villes et des campagnes réclament de l'ouvrage ;
et s'ils n'en sont pas totalement privés, malgré
les contrariétés qu'éprouvent les recouvremens,
l'économie forcée que les circonstances exigent,
ne permet pas de céder à toutes les réclamations
qu'excite le besoin, et la sévérité des devoirs
s'oppose en quelque sorte à l'accomplissement
des projets que l'humanité sollicite dans une
saison qui est encore ingrate. D'après ces con-
considérations, et afin de faciliter les opérations
de leurs successeurs, les administrateurs actuels
invitent avec instance, MM. les officiers municipaux, à encourager les collecteurs et tous les
préposés aux recouvremens, à remplir leurs fonctions avec exactitude, et à leur rendre leurs devoirs moins pénibles, par leur influence et par
leur appui.

Par l'article II de la Commission, il est prescrit à toutes les municipalités, de se conformer

aux instructions des Elus généraux , pour faire
les rôles de supplément sur les ci-devant privilégiés , et d'appeller à leur confection les asséeurs
qui ont fait les rôles des anciens contribuables
pour l'année 1789 : c'est en effet des asséeurs
de 1789 , que l'on peut obtenir , dans chaque
communauté , des éclaircissemens certains sur la
proportion de l'imposition des anciens contribuables , et sur les bases qui ont servi à l'établir ;
mais il sembleroit à propos , en faisant connoître
par des affiches , le jour auquel on commencera
à procéder dans chaque municipalité , aux rôles
de supplément , de donner aux ci-devant privilégiés , la faculté de paroître en personne ou
par procureur , pour donner les éclaircissemens
nécessaires sur leurs propriétés et sur leurs
facultés.

Par l'article III , il est recommandé d'imposer
les ci-devant privilégiés , pour leurs propriétés et
pour leurs exploitations dans le lieu de la situation des biens ; il est dit aussi , par ce même
article , que les rentes actives et les autres facultés étrangères à la propriété foncière et à l'exploitation , ne seront imposés qu'au lieu du
domicile.

Pour bien saisir le sens de la première partie

de cet article , après s'être convaincu , par la
lecture des Décrets des 28 novembre et 17 décembre , de l'obligation où l'on est de faire l'imposition dans le lieu de la situation des biens ,
il faut donner une grande attention aux termes
de l'article II du Décret du 26 septembre : » il
» sera fait , dit cet article , dans chaque commu-
» nauté , un rôle de supplément des impositions
» ordinaires et directes , autres que les vingtièmes ,
» pour les six derniers mois 1789 , à compter
» du 1er. avril dernier , jusqu'au 30 septembre sui-
» vant , dans lesquels seront compris les *noms*
» et les *biens* de tous les privilégiés qui possè-
» dent des biens en franchise personnelle ou réelle ,
» à raison de leurs propriétés , exploitations et
» autres facultés , etc. »

C'est ainsi que sont faits les rôles des anciens
contribuables , dans quelques cantons de la province : les différentes natures de biens , sont dé-
signées dans chaque article ; l'imposition pour
chaque objet y est déterminée ; et chaque contribuable peut juger lui-même si le détail de ses propriétés et facultés est exact : il peut se convaincre
aussi que tous les autres contribuables sont imposés
dans la même proportion que lui.

Il seroit donc à desirer qu'il fût possible de

détailler dans les rôles , tous les articles qui seront relatifs à la propriété foncière où à l'exploitation ; car l'imposition pour les rentes actives et autres facultés étrangères à la propriété et à l'exploitation , ne doit être faite qu'au lieu du domicile. Ainsi , cet article concerne particulièrement les forains privilégiés , et tous les autres ci-devant privilégiés qui ont des biens imposables dans une même communauté. Si les détails qui auront servi de bases à l'imposition , sont compris dans les rôles d'après les procédés qui viennent d'être indiqués, et dont on joindra un modèle à la fin de la présente instruction , le vœu de l'article IV de la commission sera absolument rempli.

Conformément à l'article V, les rôles seront envoyés au greffe de l'Administration , pour qu'ils soient rendus exécutoires , et pour qu'à vue desdits rôles , il soit possible de faire rédiger les états de recouvrement qui seront à donner aux différens receveurs et au trésorier général ; d'ailleurs l'Administration est tenue d'envoyer à l'Assemblée nationale le résultat des différens rôles de supplément.

L'art. VI décide que les ci-devant privilégiés adresseront les réclamations qu'ils auront à for-

mer pour lesdits rôles, aux Elus généraux, qui
statueront sommairement sur les difficultés à in-
tervenir : il est inutile d'observer que cette attri-
bution est conséquente aux fonctions administra-
tives qui seront confiées aux départemens, lorsqu'ils seront en activité, et qui ont été jusqu'à
présent confiées aux Elus généraux, par les mêmes
principes et d'après les usages les plus anciens.

Pour suivre les dispositions de l'art. VII, les
collecteurs de 1789 pourront être employés aux
recouvremens des rôles des six derniers mois, sur
les ci-devant privilégiés ; mais les Elus généraux
laissent à chaque Municipalité la liberté de nom-
mer un préposé bien solvable, sachant écrire et
signer, auquel le recouvrement desdits rôles pourra
être confié par préférence, à condition que les
droits de collecte n'excéderont point le taux fixé
par la délibération du 18 Janvier 1787, et à la
charge de remettre, le plus promptement possible,
les fonds de ladite imposition, au receveur, dans
la caisse duquel ont été versées les impositions
ordinaires de 1789.

L'article VIII est conforme aux articles II et
III du Décret du 23 janvier de la présente année,
imprimé à la suite de la Commission ; mais les

dispositions dont il s'agit ont plutôt trait aux recouvremens qu'aux opérations dont les municipalités sont chargées. Il n'est cependant pas inutile
de prévenir MM. les ecclésiastiques, qu'ils pourront se pourvoir à l'Administration, aussi-tôt qu'ils
auront connoissance des quotes qui leur auront été
ouvertes dans différentes communautés, et d'adresser, avec l'état de ces différentes quotes, le duplicata de la quittance de leurs décimes. Les personnes qui étoient imposées sur les rôles des privilégiés ou de la noblesse, pour la capitation,
pourront également se pourvoir, afin que l'on
prenne en considération le montant de l'imposition
qu'ils auront payée, pour compenser partie ou totalité de celle qu'ils devroient payer en vertu des
rôles de supplément.

Persuadés que l'égalité de la répartition déterminée par des principes de justice et par le vœu
de toutes les classes des citoyens, influera essen-
tiellement sur la tranquillité publique, nous invi-
tons MM. les officiers municipaux à employer
tous les moyens dont un patriotisme éclairé doit
déterminer le choix, pour procéder à la confection des rôles de supplément sur les ci-devant privilégiés, en proportionnant leur quote à la moitié
de celle que les anciens contribuables ont payée

en 1789, pour les biens situés dans la même communauté.

Quoique cette instruction soit assez longue, elle renferme peu de détails; mais ils étoient inutiles. Proscrire les inconvéniens de l'ancien régime des impositions, assurer les avantages du nouveau, faire ensorte que les bases établies pour les ci-devant privilégiés, puissent servir à l'imposition de tous les contribuables en 1790; tel doit être le but des travaux et des soins de MM. les officiers municipaux : c'est aussi le terme de nos espérances.

Fait et arrêté à la Chambre des Elus généraux, à Dijon, le treize Avril mil sept cent quatre-vingt-dix. *Signé*, † J. B. EV. DE CHALON, LE VICOMTE DE BOURBON - BUSSET, PERRET DE FLAVIGNEROT, GALLIER, GUENEAU D'AUMONT, et ROUSSELOT, *Secrétaire en chef desdits Etats.*

2

NOTE

Relative au modèle de rôle dont il est parlé dans l'instruction.

Avant de procéder à la formation des cotes, les asséeurs, dans certaines communautés de la Province, commençoient par déterminer :

1°. Les bases de l'imposition d'une maison, soit que le propriétaire l'occupât, soit qu'il l'eût donnée à loyer.

2°. Les bases de l'imposition de la propriété sans exploitation, ou de la propriété réunie à l'exploitation d'un journal ou d'un arpent de terre labourable ; d'une soiture de prés ; d'un journal ou d'une boisselée de chenevière ; d'une ouvrée de vigne ; d'un arpent de bois taillis ; d'un journal de clos, parc ou jardin.

3°. Les bases de l'imposition de la propriété sans exploitation, ou de la propriété réunie à l'exploitation des dîmes, moulin, four, pressoir, forge, fourneau, verrerie, droits seigneuriaux, droits de bac, péage, ect.

Ce préalable rempli, les cotes étoient à peu près formées de la manière suivante.

M. . . . . (LES NOM , SURNOM , QUALITÉ ET DOMICILE DU CI-DEVANT PRIVILÉGIÉ) possède dans cette communauté :

1. Une maison. . . . .

2. Un clos, parc ou jardin, contenant . . . journaux. . . . .

3. . . . journaux de terre, amodiés.

4. . . . journaux de terre , cultivés par le propriétaire. . . . .

5. . . . soitures de prés affermées. .

6. . . . soitures de prés levées par le propriétaire. . . . .

7. . . . journaux ou boisselées de chenevière , amodiés. . . . .

8. . . . journaux ou boisselées de chenevière, exploités par le propriétaire.

9. . . . ouvrées de vignes données à moitié fruits. . . . .

10. . . . ouvrées de vignes affermées.

11. . . . ouvrées de vignes cultivées par le propriétaire. . . . .

12. . . . arpens de bois taillis , affermés. . . . .

13. . . . arpens de bois taillis, exploités par le propriétaire. . . . .

14. . . . Etang. . . . .

15. La dîme affermée. . . . .

16. La dîme perçue par le propriétaire. . . . .

17. Un moulin amodié. . . . .

18. Un moulin exploité par le propriétaire. . . . .

19. Les usines de toute nature, affermées ou exploitées par le propriétaire. . . . .

20. Les four, pressoir, affermés ou exploités par le propriétaire. . . . . . .

21. Les droits seigneuriaux. . . . . .

22. Les droits de bac ou de péage, affermés ou perçus par le propriétaire. . .

Etc. etc.

Après avoir fixé la cote de la taille, on détermine la cote de la capitation, qui est un des accessoires de la taille.

Les municipalités qui adopteront cette méthode, pourront dresser un état des droits de collecte, salaire des asséeurs, frais de papier et d'écritures. Cet état seroit par elles certifié véritable, et annexé au rôle et au double d'icelui qui seroit adressé à l'Administration par la voie du receveur.

NOUVELLE INSTRUCTION

CONCERNANT

La confection des rôles de supplément des ci-devant privilégiés, pour les six derniers mois de l'année 1789.

Du 10 juin 1790.

La confection des rôles des ci-devant privilégiés, pour les six derniers mois de l'année 1789, semble éprouver beaucoup de difficultés. Les officiers municipaux des communautés villageoises, paroissent particulièrement très-incertains sur le choix des procédés qu'ils doivent employer pour réaliser les opérations qui leur sont confiées. La multitude des questions sur lesquelles ils sollicitent une décision de MM. les Elus généraux, exige que l'administration donne un nouveau développement à l'instruction qu'elle a publiée le 13 avril dernier.

Toutes les difficultés qui ont été soumises à l'Administration, auroient cependant pu être levées par une juste application des principes généraux établis dans cette instruction. En effet, elle ne laisse aucun doute sur la nature des imposi-

tions que doivent supporter les ci-devant privilégiés ; il est dit très-expressément, qu'ils seront
imposés pour tous les objets énoncés dans le mandement des tailles, envoyé aux communautés pour
l'année 1789.

L'instruction a dû prévenir aussi toute incer-
titude sur le choix des personnes qui doivent être
comprises dans les rôles de supplément ; elle s'ex-
prime ainsi :

» Par privilégiés, il faut entendre tous ceux
» qui n'étoient point imposés à la taille, soit en
» totalité, soit en partie, de quelque qualité, état
» et profession qu'ils puissent être ». Pouvoit-
on déterminer d'une manière plus expresse, que
tous ceux qui n'avoient point participé aux impositions ordinaires de l'année 1789, ou qui avoient
éprouvé une réduction sensible sur ces impositions
en raison d'un privilège quelconque, devoient être
compris dans les rôles de supplément ?

D'après le décret de l'Assemblée nationale,
tous les ci-devant privilégiés doivent être imposés.
Personne n'a par conséquent le droit de réclamer
un titre qui puisse l'en exempter. Il est donc certain que les communautés, ainsi que les individus qui, en vertu d'un titre ou d'un privilège,

n'ont point payé les impositions ordinaires de 1789, ou qui n'en ont payé qu'une partie, doivent être compris dans les rôles des ci-devant privilégiés.

Les biens ne sont pas plus privilégiés que les personnes ; ainsi tous les biens sont imposables. Il est donc nécessaire de comprendre dans les rôles de supplément, tous les biens ci-devant privilégiés qui n'ont point été soumis aux impositions ordinaires en 1789.

L'imposition doit être faite dans le lieu de la situation du bien, et non pas dans le lieu du domicile du propriétaire ou du fermier. Chaque nature de bien doit donc être imposée dans le territoire d'une même communauté, tant pour la propriété que pour l'exploitation.

Les personnes qui n'ont ni propriété, ni exploitation, ni industrie dans le lieu de leur domicile, sont-elles imposables ? C'est une des questions qui a été soumise à l'Administration, mais qui paroît intéresser bien peu d'individus. En effet, il faut supposer que ces mêmes personnes n'ont aucunes rentes actives ; car ces rentes, d'après les dispositions du décret de l'Assemblée nationale, du 28 novembre 1789, doivent être imposées au lieu du domicile.

Il n'est pas douteux que les ci-devant privilégiés qui ont des propriétés dans une communauté étrangère à celle de leur domicile, paieront pour les six derniers mois 1789, les impositions réelles et les impositions personnelles, puisque la capitation est désormais pour tous les contribuables, un accessoire de la taille.

Sous certain rapport, il pourroit être à desirer que l'on fût imposé au lieu du domicile, dans la proportion nécessaire pour exercer les droits de citoyen éligible, ou du moins de citoyen actif; mais la loi ne prononce rien à cet égard : ainsi il faut, quant à présent, tenir pour constant, que ceux des ci-devant privilégiés qui, au lieu de leur domicile, n'ont ni propriétés, ni exploitation, ni industrie, ni rentes actives, n'y doivent point être imposés.

Plusieurs personnes ont demandé dans quelle proportion les ci-devant privilégiés devoient être imposés ? Cette question semble déja résolue, puisque la première instruction dit formellement, qu'en vertu des dispositions des Décrets de l'Assemblée nationale, il ne doit exister aucune différence entre l'imposition des ci-devant privilégiés, et la moitié de celle que les anciens contribuables ont supportée pour l'année 1789 : ainsi, après

avoir évalué ce que les ci-devant privilégiés auroient payé pour l'année entière, s'ils avoient été
imposés comme les anciens contribuables d'une
seule et même communauté, il faut les imposer
à la moitié du montant de cette évaluation, parce
que les ci-devant privilégiés ne doivent être imposés que pour six mois : mais, dit-on, comment
découvrir la proportion qui a servi à l'imposition
des anciens contribuables, si cette proportion n'a
jamais existé, ou si elle est totalement in-
connue ? On demande en vain quel étoit le tarif :
il faudroit en déterminer un ; alors l'imposition
seroit facile, et la base en seroit certaine. Quelque spécieux que soient ces raisonnemens, il ne
faut point présumer que l'Administration n'ait pas
eu de puissans motifs pour n'indiquer aucune
proportion certaine, et pour ne déterminer aucun
tarif. Ceux qui ont réfléchi sur les impositions ;
ceux qui connoissent les causes de l'inégalité de
la répartition, savent parfaitement qu'un tarif ne
suffit pas pour déterminer généralement une égalité proportionnelle : l'objet le plus important est
d'avoir la connoissance de la vraie valeur des différentes propriétés, et de constater le produit réel
de tous les objets imposables.

Il est sensible, par exemple, qu'en supposant
l'existence d'un tarif, les communautés dans les-

quelles les propriétés ne seroient évaluées qu'à la moitié de leur valeur, ne supporteroient que la moitié de l'imposition à laquelle on auroit dû les soumettre, d'après les principes de l'égalité proportionnelle de la répartition ; de telle sorte, qu'au lieu de payer une livre, par supposition, pour un produit de vingt livres, ce produit étant réduit à dix livres, on ne seroit imposé qu'à dix sous, au lieu de l'être à vingt : la proportion ne varieroit pas, elle seroit toujours du vingtième ; mais l'imposition étant réduite à moitié, seroit inégale de communauté à communauté : cette inégalité seroit très-difficile à vérifier, et elle se trouveroit en quelque sorte consacrée par le tarif. Les dispositions du Décret de l'Assemblée nationale sont bien plus sages ; il est beaucoup plus sûr de s'y conformer littéralement, que de chercher à leur donner une fausse interprétation. Le Décret veut que les ci-devant privilégiés soient imposés dans la même proportion que les anciens contribuables l'ont été en 1789 ; et l'on doit s'y conformer. Il faut bien s'attendre qu'il existera de l'inégalité entre l'imposition des ci-devant privilégiés de différentes communautés, puisque cette inégalité existoit depuis long-temps entre l'imposition des anciens contribuables ; mais cet inconvénient est passager. Il sera peut-être possible d'y remédier en partie , lorsque l'on fera le jet des impositions de 1790.

Les opérations utiles doivent être graduées , quand on veut en assurer le succès.

C'est déja un grand bien , que d'établir l'égalité de la répartition entre tous les contribuables d'une même communauté ; ce seroit en déterminer un plus sensible , que d'assurer cette égalité entre les communautés d'une même recette ; enfin , le point de perfection auquel les Administrateurs doivent tendre , c'est à l'égalité de la répartition des impôts dans toutes les recettes dépendantes d'une même administration.

Les Elus généraux avoient conçu et adopté un plan qui sembloit promettre les avantages de la répartition la plus égale et la plus proportionnelle ; mais il étoit indispensable , pour en déterminer le succès , de se livrer à des opérations préparatoires , dont la durée auroit pu retarder la rentrée des impositions des six derniers mois 1789 et de l'année 1790 ; d'ailleurs , l'Assemblée nationale ayant annoncé un projet général qui embrassera l'ensemble de toutes les parties du Royaume , et dont l'exécution doit être réalisée en 1791 , il étoit naturel de craindre d'adopter des bases

étrangères à celles qu'elle jugera à propos de
prescrire.

Ces différentes considérations doivent engager
les contribuables à transiger avec les contrariétés
que peut leur occasionner encore pendant quelques mois , l'inégalité de la répartition.

Il n'est cependant pas impossible , ainsi qu'on
l'a déja dit, de procurer, en 1790 , une partie
des avantages qui doivent résulter d'une répartition
plus juste aux communautés qui dépendent de
l'administration des Élus généraux, si les municipalités secondent parfaitement les intentions des
Administrateurs. Supposons en effet que tous les
détails qui , en 1789, auront servi de base à la
cotisation des ci-devant privilégiés, soient parfaitement connus de l'Administration , et qu'elle
obtienne tous ceux qui serviront à régler la cotisation des anciens contribuables en 1790; alors
il n'est pas douteux qu'au moment où il faudra
vérifier et rendre exécutoires les rôles des impositions ordinaires, il ne soit très-possible de fixer
d'une maniere certaine le montant de l'imposition
de chaque communauté.

Les défauts de l'ancienne répartition ont été
indiqués dans la premiere instruction : il falloit ,

pour entreprendre de les corriger , renoncer à
l'imposition au lieu du domicile : aujourd'hui que
l'imposition sera faite dans le lieu de la situation
des biens ; aujourd'hui que la communauté des
intérêts lève tous les obstacles qui contrarioient
l'égalité de la répartition ; aujourd'hui que les
représentans des communes , librement choisis à
la majorité absolue des suffrages , ont le crédit et
la confiance nécessaires pour obtenir les renseignemens les plus certains et les connoissances les
plus exactes sur les propriétés et les facultés de
chaque citoyen , il suffit sans doute que MM. les
officiers municipaux puissent se pénétrer des règles
et des principes auxquels ils doivent s'astreindre ,
pour procéder avec justice et impartialité , aux
diverses opérations qui leur sont confiées : s'ils
procurent des renseignemens exacts sur les bases
qui auront servi à fixer la cotisation de tous les
contribuables ; s'ils donnent tous les détails qui
auront servi à cette cotisation , alors le vœu de
toutes les classes des citoyens , en faveur de
l'égalité de la répartition des subsides , pourra être
complétement réalisé.

Il s'est élevé quelques doutes dans plusieurs
cantons de la province , sur le choix des personnes
qui devoient procéder à la confection des rôles de
supplément : ce choix n'est cependant pas incertain.

Les municipalités en sont chargées ; mais elles doivent y appeller les asséeurs de 1789 ; ainsi point de difficultés dans toutes les communautés qui ont eu un rôle particulier d'imposition en 1789, et dont le territoire dépend aujourd'hui d'une même municipalité. Dans les communautés où il s'est formé plusieurs municipalités sur un territoire qui étoit compris, en 1789, dans le même rôle d'imposition, les nouvelles municipalités étrangères au chef-lieu sous le nom duquel les rôles ont été faits en 1789, ne doivent point s'occuper de la confection des rôles de supplément : enfin, dans les localités où plusieurs communautés qui avoient un rôle particulier d'imposition, se sont réunies sous une seule municipalité, c'est aux officiers municipaux de ce chef-lieu, à faire les différens rôles ; mais il paroît nécessaire qu'ils envoient des commissaires choisis parmi eux, qui appelleront les asséeurs de l'année 1789, dans chacune de ces communautés, à la confection des rôles de supplément sur les ci-devant privilégiés.

Pour que les officiers municipaux et les asséeurs réunis puissent procéder avec régularité aux opérations qui leur sont confiées, relativement à la confection des rôles de supplément, il paroîtroit nécessaire qu'ils prissent le parti de constater, 1°. quelle est la quotité des propriétés que les ci-

devant privilégiés possèdent dans le territoire de
la communauté.

2°. Quelle est la proportion des biens des ci-
devant privilégiés , comparée à celle des anciens
contribuables.

3°. Quelle est la somme d'imposition que les
anciens contribuables ont payée pour les biens
situés dans le territoire de la communauté.

4°. Quelle est l'imposition que doivent supporter les biens des ci-devant privilégiés , d'après la
connoissance qu'ils auront acquise de l'imposition
des biens des anciens contribuables.

Dans chacune des communautés où les rôles des
ci-devant privilégiés ne seront pas faits au moment où l'on recevra la présente instruction , il
seroit à propos que l'on fît aussi mention de la
quotité des biens que possèdent les forains non
privilégiés , c'est-à-dire les propriétaires et les fermiers dont le domicile est étranger à la communauté. Ces différentes connoissances seroient nécessaires pour éclairer l'Administration sur le montant de l'imposition proportionnelle que chaque
communauté devra supporter pour 1790. Au reste,
il est indispensable de demander à chaque municipalité des rôles provisoires , afin de fixer le jet de

l'imposition avec connoissance : on n'en parle ici que pour les préparer aux nouvelles opérations qui leur seront confiées. L'Administration se propose de donner une instruction particulière, relativement à ces impositions ; l'objet principal étant aujourd'hui d'accélérer la confection des rôles de supplément, il suffit d'observer que chaque municipalité doit s'empresser d'instruire l'Administration, afin de lui procurer les moyens de soulager les anciens contribuables par l'égalité de la répartition en 1790.

La connoissance de la quantité des propriétés étant acquise, il faut déterminer leur valeur réelle ou leur produit, avant de régler le taux de l'imposition.

Pour ne point se tromper à cet égard, il faudroit peut-être que l'on eût contracté l'habitude de diviser presque toutes les terres en trois classes, *bonnes*, *médiocres* et *mauvaises*. On a préféré jusqu'à présent de s'attacher à une seule évaluation, c'est-à-dire à la moyenne proportionnelle, pour n'avoir qu'une seule classe et un tarif ; mais on ne tardera pas à s'appercevoir des inconvéniens de cette méthode, qui diminue le montant des impositions que devroient supporter les propriétaires des meilleures terres, c'est-à-dire des plus

productives , pour surcharger ceux qui possèdent
les plus mauvaises. Il est inutile de faire d'autres
réflexions , pour convaincre les personnes exemptes
de prévention , qu'en suivant cette ancienne méthode , on s'écarteroit des principes de l'égalité
proportionnelle , qui fait la base essentielle d'une
bonne répartition.

Il n'est pas impossible d'établir un tarif dans
les communautés où l'usage étoit d'imposer sur
de simples apperçus que l'on ne prenoit pas le soin
de vérifier , dans celles même où l'imposition étoit
arbitraire. Ce tarif déterminé pour chaque nature
de propriété , et pour les différentes classes , en
raison de leur produit , les cotes des ci-devant
privilégiés pourroient être provisoirement réglées ;
et lorsque l'on auroit vérifié que l'imposition des
anciens contribuables a été plus forte , on augmen-
teroit successivement chaque cote dans la proportion nécessaire , pour que les ci-devant privilégiés
payassent exactement pour les six derniers mois
1789 , et pour les biens qu'ils possèdent dans la
communauté, la moitié de l'imposition que la plu-
part des anciens contribuables ont payée ou dû
payer en 1789 , sur les seuls biens qu'ils possé-
doient dans cette même communauté.

Pour suppléer à l'insuffisance de la première

3

instruction , et satisfaire aux demandes des diverses
municipalités ; à la fin de la présente instruction ,
on placera un projet de rôle très-détaillé , qui pré-
sentera les bases générales et particulières que les
municipalités pourront régler provisoirement avec
les asséeurs de 1789 , et le détail d'une cote qui
offrira un modèle de proportion et de tarif pour
tous les objets imposables : l'on indiquera en même
temps le moyen de porter l'imposition des ci-devant privilégiés , au taux de l'imposition des anciens contribuables. Quoique ces évaluations ne
soient pas positives , et ne puissent peut-être con-
venir à aucun canton de la province , elles suffisent
pour fixer l'attention , et pour procurer des moyens
sûrs d'ouvrir des cotes qui ne soient, ni trop for-
tes , ni trop foibles ; il suffit d'ailleurs d'exposer
les principes généraux que l'Administration desi-
reroit voir adoptés par toutes les municipalités :
si cette réunion d'opinions pouvoit s'effectuer ,
il seroit aussi facile que satisfaisant, de vérifier
leurs opérations ; il en résulteroit de nouveaux
moyens pour atteindre à une perfection qui n'a été
jusqu'à présent qu'idéale , mais que l'habitude et
l'expérience changeront nécessairement en réalité.

On a pensé que , pour faciliter l'imposition , il
falloit la régler à un taux fixé par journal de terre
ou par soiture de pré , de vigne , etc.

Que les différentes natures de biens pouvoient être divisées en trois classes, qui auroient chacune un tarif particulier.

Que l'imposition de la propriété devoit être égale à l'imposition de l'exploitation, et que par conséquent un propriétaire qui avoit affermé son bien, et le fermier qui en faisoit l'exploitation, devoient être taxés à la moitié de la cote d'imposition qui seroit ouverte au contribuable qui réuniroit la propriété à l'exploitation.

Les baux pouvoient donner des éclaircissemens assez satisfaisans, lorsque l'imposition se faisoit au lieu du domicile; mais attendu qu'elle se fera désormais au lieu de la situation des biens, il sera plus conforme aux principes de l'égalité proportionnelle, d'imposer d'après le produit des terres, des prés, des vignes, etc. à tant par journal, par soiture et par ouvrée.

On sera peut-être étonné que les vignes ne soient divisées qu'en trois classes : on objectera probablement que les côtes renommées qui produisent les vins fins et recherchés, en exigeroient un plus grand nombre ; mais on doit considérer que les vins fins ne sont pas ceux qui assurent aux propriétaires le revenu le plus certain : l'on ne prétend point d'ailleurs contrarier l'usage des localités qui pourroient être dans l'habitude de faire un plus grand nombre de classes.

Il a paru suffisant de ne déterminer que deux classes pour les bois. Afin de connoître l'imposition annuelle que doivent supporter les bois, il faut diviser le produit des coupes en autant de parties que l'indique le nombre d'années qui s'écoulent d'une coupe à l'autre ; en quinze parties pour ceux qui se coupent tous les quinze ans ; en vingt pour ceux qui ne le sont qu'au bout de vingt ans ; en vingt-cinq parties, enfin, pour ceux dont la coupe ne se renouvelle qu'au bout de vingt-cinq années.

Les bois de haute futaie ne doivent point être compris dans l'imposition annuelle. Il suffit d'en faire mention dans le détail de la cote du propriétaire, pour *mémoire*, afin que l'on n'oublie pas de l'imposer lors de l'exploitation.

Les bases générales et particulières de l'imposition étant établies dans le projet de rôle qui se trouvera à la suite de la présente instruction, il n'est pas nécessaire d'en faire ici une mention spéciale. On se contentera de dire un mot des rentes actives qui doivent être imposées au lieu du domicile : il semble que l'imposition peut en être calculée sur le denier vingt du produit du capital de la rente.

Relativement aux rentes affectées sur les fonds , on croit qu'il est nécessaire de s'adresser à l'Administration , pour obtenir , s'il y échet, une réduction sur l'imposition , parce qu'il faut que cette réclamation soit appuyée d'actes notariés et authentiques , et qu'il semble indispensable de désigner les personnes à l'égard desquelles on en est grevé. Peut-être l'Assemblée nationale décidera-t-elle que la propriété doit toujours être imposée dans la proportion du produit, en donnant le droit au créancier de retenir le montant de l'imposition sur le paiement de la rente ; mais cette question est extrêmement délicate , et mérite d'être examinée avec la plus sérieuse attention. On a souvent éludé la loi qui prescrivoit la retenue des vingtièmes ; elle a été regardée comme comminatoire : cependant les actes qui y avoient dérogé , étoient frappés de nullité dans les tribunaux. Aujourd'hui que le prêt à temps est autorisé , il sera plus facile de l'éluder encore. Il est néanmoins certain qu'un des grands projets de l'Assemblée nationale est de parvenir à la réduction de l'intérêt de l'argent : l'on ne peut se dissimuler que cette opération est très-essentielle pour vivifier

l'agriculture , qui sera toujours languissante tant
que le produit des terres sera réduit à deux et
demi ou trois pour cent , et que l'on pourra tirer
facilement cinq ou six pour cent du placement de
ses capitaux : cette grande opération paroît plus
nécessaire au moment où la suppression de la ma-
jeure partie des impôts indirects assure un bénéfice aux capitalistes , et augmente les charges des
propriétaires ; mais il faut attendre que la loi
prononce.

On a demandé si les traitemens militaires , les
appointemens des places qui sont fixes , et qui ,
sous ce rapport, ne peuvent point être taxés comme
industrie , enfin , si les pensions devoient être imposés.

Il semble que les Décrets de l'Assemblée nationale n'ont rien décidé sur ces différentes questions ; mais on croit que les traitemens militaires
ne sont point susceptibles d'être imposés. On pense
de même à l'égard des appointemens fixes des différentes places dont les fonctions journalières in-
téressent le service public : il n'en a été expres-
sément parlé que dans la dernière proclamation
du Roi concernant la contribution patriotique.
Les pensions ont toutes éprouvé des réductions
plus ou moins considérables ; elles doivent être

soumises à un examen scrupuleux : ces réflexions
portent à croire qu'il est convenable d'attendre que
l'Assemblée nationale ait décrété qu'elles doivent
être comprises dans la classe des revenus ou facultés imposables.

Plusieurs questions se sont élevées aussi relativement à l'imposition des biens et facultés des
ecclésiastiques. On pense que tous ceux qui n'étoient
point exempts du paiement des décimes, ne doivent point être exempts de l'imposition aux rôles
de supplément des ci-devant privilégiés ; il est
très-probable que cette imposition n'excédera pas,
pour les eccléfiastiques à portion congrue , la moitié des décimes qu'ils ont payées en 1789. Quant
aux eccclésiastiques propriétaires , ou à ceux qui
avoient des biens ecclésiastiques dont les revenus
étoient beaucoup plus importans que ceux des
congruistes , ils n'auront point à se plaindre , si
l'on ne s'écarte pas des principes de l'égalité proportionnelle , qui sont recommandés à l'égard de
tous les contribuables. Le zèle éclairé de MM. les
officiers municipaux , leur impartialité , leur attention scrupuleuse à se conformer à ce qui est
prescrit par les Décrets de l'Assemblée nationale ,
enfin les dispositions énoncées dans les instructions
publiées par ordre du Roi , le 13 avril dernier ,

pour la compensation des décimes, leur offrent des motifs de confiance et de sécurité.

Quoique MM. les Elus généraux aient annoncé une nouvelle instruction sur les impositions de 1790, celle-ci renferme tant de détails, qu'ils croient devoir espérer que MM. les officiers municipaux pourront, après avoir procédé à la confection des rôles de supplément des six derniers mois 1789, s'occuper aussi-tôt de la rédaction des rôles provisoires nécessaires à la répartition des impositions ordinaires de l'année 1790 ; et même de la rédaction des rôles des vingtièmes, pour les biens qui n'ont point été jusqu'à présent soumis à cette imposition.

Fait et arrêté en la Chambre des Elus généraux, à Dijon, le dix juin mil sept cent quatre-vingt-dix. *Signé*, LE VICOMTE DE BOURBON-BUSSET, PERRET DE FLAVIGNEROT, GALLIER, GUENEAU D'AUMONT, et ROUSSELOT, *Secrétaire en chef desdits Etats.*

PROJET DE RÔLE

Des impositions connues sous le nom de taille et capitation, sur les ci-devant privilégiés de la communauté d   pour les six derniers mois de l'année 1789.

RECETTE

d

COMMUNAUTÉ

d

BASES GÉNÉRALES

DE LA RÉPARTITION.

LES officiers municipaux de la communauté d et les asséeurs de l'année 1789, appellés à cette opération, se sont déterminés à adopter des bases et des évaluations provisoires pour l'imposition des ci-devant privilégiés ; ils déclarent que, dans le cas où l'imposition calculée sur ces bases provisoires, seroit au dessous de la proportion suivie pour la cotisation des anciens contribuables en 1789, chaque cote des ci-devant privilégiés sera augmentée au marc la livre, de la somme nécessaire pour atteindre à l'imposition des anciens contribuables, conformément aux règles de l'égalité proportionnelle prescrite par les Décrets de l'Assemblée nationale, et recommandée par les instructions de MM. les Elus généraux. Ils sont convenus en conséquence d'imposer :

1. Le denier trente du prix de la location des maisons,

si elles sont louées, ou du prix qu'elles pourroient être louées, si elles sont occupées par les propriétaires.

2. Le denier vingt des revenus en terres, prés, vignes, bois, dîmes, cens, redevances, etc.

3. Le denier trente du revenu des moulins et usines, si elles sont amodiées, ou du revenu de ce qu'elles pourroient être amodiées, si elles sont exploitées par les propriétaires.

BASES PARTICULIÈRES.

Ils sont convenus aussi, 1. que les terres de cette communauté seront divisées en trois classes, BONNES, MÉDIOCRES et MAUVAISES.

2. Que les prés seront également divisés en trois classes.

3. Que les vignes seront de même divisées en trois classes (ou plus, suivant l'usage).

4. Que les bois seront divisés en deux classes pour la qualité; que pour ceux qui sont en coupe réglée, on calculera le produit sur la valeur de la coupe divisée, par autant d'années qu'il doit s'en écouler d'une coupe à l'autre.

5. Que les bois de futaie ne seront point taxés lorsqu'ils ne seront point en exploitation, mais qu'il en sera fait mention pour MÉMOIRE à l'article des propriétaires de cette espèce d'immeuble, afin qu'ils soient imposés en raison du prix de la coupe lors de l'exploitation.

PROJET DE TARIF.

Chaque journal de terre de la premiere classe sera taxé, pour la propriété, à . . . . . .

Pour l'exploitation, à . . . . . .

Pour la propriété réunie à l'exploitation, à . . . . . .

Chaque journal de terre de la seconde classe, sera taxé, pour la propriété, à . . . . . .

Pour l'exploitation, à . . . . . .

Pour l'exploitation réunie à la propriété, à . . . . . .

Chaque journal de terre de la troisième classe, sera imposé, pour la propriété, à . . . . . .

Pour l'exploitation, à . . . .

Pour la propriété et l'exploitation reunies, à . . . . . .

Chaque soiture de pré de la première classe, sera taxée, pour la propriété, à . . . . . .

Pour l'exploitation, à . . . . . .

Pour la propriété et l'exploitation, à . . . . . .

Chaque soiture de prés de la seconde classe, sera taxée, pour la propriété, à . . . . . .

Pour l'exploitation, à . . . . . .

Pour la propriété réunie à l'exploitation, à . . . . . .

Chaque soiture de pré de la troisième classe, sera taxée, pour la propriété, à . . . . . .

Pour l'exploitation, à . . . . . .

Pour l'exploitation et la propriété réunies, à . . . . . .

Chaque journal de chenevière, sera taxé, pour la propriété, à . . . . . .

Pour l'exploitation, à . . . .

Pour l'exploitation et la propriété réunies, à . . . . . .

Chaque ouvrée de vignes de la première classe, sera taxée, pour la propriété, à . . . . . .

Pour l'exploitation, à . . . . . .

Pour la propriété et l'exploitation réunies, à . . . . . .

Chaque ouvrée de la seconde classe, sera taxée pour la propriété, à . . . . . .

Pour l'exploitation, à . . . . . .

Pour l'exploitation et la propriété réunies, à . . . . . .

Chaque ouvrée de la troisième classe, sera taxée, pour la propriété, à . . . . . .

Pour l'exploitation, à . . . . . .

Pour la propriété et l'exploitation réunies, à . . . . . .

L'arpent de bois en coupe réglée de QUINZE, de VINGT, de VINGT-CINQ années, de la première classe, sera taxé, pour la propriété, à . . . . . .

Pour l'exploitation, à . . . . . .

Pour la propriété réunie à l'exploitation, à . . . . . .

L'arpent de bois, de la seconde classe, sera taxé, pour la propriété, à . . . . . .

Pour l'exploitation, à

Pour la propriété réunie à l'exploitation, à . . . . . .

Les bois de haute futaie seront évalués sur le prix de la vente ; savoir :

Pour la propriété, au denier quarante.

Pour l'exploitation, au denier quarante.

Et pour la propriété et exploitation réunies, au denier vingt.

La dîme sera taxée, pour le propriétaire, à deux et demi pour cent. ,

Pour le fermier, à deux et demi pour cent.

Le propriétaire qui l'exploite lui-même, à cinq pour cent.

Les propriétaires des rentes, cens, redevances, seront taxés à raison de leur produit, à deux et demi pour cent.

L'amodiateur, à deux et demi pour cent.

Les propriétaires qui en feront la perception par eux-mêmes, seront taxés, en raison du produit, à cinq pour cent.

Les usines seront imposées à raison du denier trente pour la propriété.

A pareil denier pour l'exploitation.

Et au denier quinze pour l'exploitation exercée par le propriétaire.

Les rentes actives seront imposées à raison du denier vingt des intérêts qu'elles produiront.

Les fonds mis dans le commerce seront censés rendre dix pour cent au propriétaire qui les fera travailler, et il sera taxé à cinq pour cent du produit.

L'industrie sera imposée à raison de cinq pour cent.

Ces bases générales et particulières étant convenues, après avoir procédé à la cote provisoire de chaque particulier, conformément au modèle ci-joint, en suivant, autant que la nature, la quantité et la diversité des propriétés , des revenus et des facultés de chaque particulier pourront l'exiger ; après avoir changé chaque cote provisoire en définive , on fera l'addition de toutes les cotes définitives de la taille et de la capitation réunies , et le montant de ces différentes cotes additionné, déterminera le produit total du rôle de supplément, qui pourra être rédigé ainsi qu'il suit :

RÔLE DE RÉPARTITION.

1. De la somme de
reconnue devoir être imposée pour taille sur les ci-devant privilégiés de cette communauté, pour les six derniers mois de l'année 1789, ci. . . . .　》　》　》

2 De celle de
pour le droit de collecte, à raison de six deniers pour livre de la première somme, ci. . . . .　》　》　》

3. De celle de
pour les salaires des asséeurs de l'année 1789, à raison d'un sou par cote du rôle original seulement, ci . . . .　》　》　》

4. De celle de
pour les salaires du scribe et papier du rôle et double d'icelui, ci. . . . .　》　》　》

TOTAL de la taille.　》　》　》

Et de la somme de
également reconnue devoir être imposée
sur les ci-devant privilégiés, pour la
capitation des six derniers mois de l'année 1789, ci . . . . »   »   »

Enfin, celle de
pour le droit de collecte, à raison de
deux deniers pour livre, ci . . . . »   »   »

    Total de la capitation. »   »   »

Total général de la taille et de la
capitation, ci. . . . . »   »   »

Lesdites deux sommes ont été réparties
sur chaque contribuable ci-devant privilégié, suivant ses facultés, commerce et
industrie, par nous officiers municipaux
soussignés, en présence de
       asséeurs de
l'année 1789; le tout ainsi que s'ensuit.

MODÈLE DE COTE PROVISOIRE.

ARTICLE PREMIER

M.   (LES NOM, SURNOM ET QUA-
LITÉ DU CI-DEVANT PRIVILÉGIÉ) possède dans cette
communauté;

1. Une maison qu'il occupe : elle
pourroit être louée 120 liv. — imposition 1.
sur le pied du denier trente. 4   »   »

D'autre part   4   »   »

2. Une autre maison louée au sieur
60 liv. — imposition, ci   2   »   »

3. Soixante journaux de terre en propriété, et qu'il fait valoir, de la première classe, — à 10 s. le journal; im-
position.   30   »   »

4. Quarante journaux de terre en propriété, et qu'il fait valoir, de la deuxième
classe, — à 6 s. le journal; imposition.   12   »   »

5. Vingt journaux de terre IDEM, de la
troisième classe, — à 4 sous le journal;
imposition.   4   »   »

6. Vingt journaux de terre de la première classe, amodiés au sieur
— à 6 sous le journal ; imposition. . . .   6   »   »

7. Douze soitures de prés de la première classe, qu'il récolte lui-même, —
à 20 sous la soiture; imposition. . . .   12   »   »

8. Huit soitures de prés de la deuxième
classe IDEM, — à 12 sous la soiture;
imposition.   4   16   »

9. Six soitures de prés de la troisième
classe IDEM, — à 6 sous; imposition. . .   1   16   »

10. Neuf soitures de prés qu'il tient

                                          76   12   »

	l.	s.	d.
D'autre part, ... , . .	76	12	«

d'amodiation de   de première
classe, — à 10 sous la soiture ; imposi-
tion.   4   10   »

11. Pour la propriété de trois journaux
de chenevière, qu'il fait valoir, — à 20
s. le journal ; imposition.   3   »   »

12. Pour un journal de chenevière, qu'il
tient d'amodiation de   —à 10 s.
le journal ; imposition. . . . .   »   10   »

13. Trente ouvrées de vigne de première qualité, — à quatre sous l'ouvrée ;
imposition   6   »   »

14. Vingt ouvrées de vigne de seconde
qualité, — à 3 sous l'ouvrée ; imposition.   3   »   »

15. Quinze ouvrées de vigne de la troisième qualité, —à 1 s. l'ouvrée ; impo-
sition. . . . .   »   15   »

16. Vingt ouvrées de vigne de la première qualité, qu'il tient d'amodiation
du sieur   —à 2 sous
l'ouvrée ; imposition.   2   »   »

17. Pour la propriété de vingt arpens
de bois taillis de première classe, à coupe

_____

             96   7   »

4

	l.	s.	d.

D'autre part . . . . 96 7 »

de vingt ans, et qui peut produire, tous
frais d'exploitation prélevés, 100 liv. —
sur le pied du denier vingt; imposition.   5   »   »

18. Pour la propriété de douze arpens
de bois taillis à coupe de vingt ans, et
qui peuvent produire, tous frais faits, 50 l.
par an, — sur le pied du denier vingt ;
imposition. 2   10   »

19. Pour l'exploitation de trois arpens
de bois taillis de première qualité, à
coupe tous les ans, qu'il tient d'amodiation du sieur   qui peuvent
rendre, tous frais faits, 100 liv. par
arpent. — sur le pied du denier vingt,
15 liv. et pour moitié seulement, attendu
que le propriétaire paie l'autre moitié;
imposition. 7   10   »

20. Pour la propriété d'une dîme qu'il
lève par lui-même, évaluée 1200 liv. —
sur le pied du denier vingt; imposition. . 60   »   »

21. Un moulin amodié 600 liv. — sur
le pied du denier trente, à cause des
réparations ; imposition. 20   »   »

22. Une forge et un fourneau amodiés

191   7   »

	l.	s.	d.
D'autre part	191	7	»

2400 liv. — à raison du denier trente,
à cause de l'entretien ; imposition. . . .   80   »   »

23. Une forge et un fourneau exploités
par lui-même , qui pourroient s'amodier
3ooo liv. — à raison du denier vingt , à
cause du bénéfice qu'il peut faire dessus ;
imposition. . . . .   15o   »   »

24. Un four amodié 200 liv. — sur le
pied du denier trente ; imposition. . . .   6   13   4

25. Un pressoir amodié 72 liv. — sur
le pied du denier vingt , à cause des
réparations ; imposition.   3   12   »

26. Propriétaire de quatre vaches , —
à 10 sous ; imposition.   2   »   »

27. Propriétaire de quarante moutons ,
— à 2 sous ; imposition.   4   »   »

                                                437   12   4

Vérification faite de l'imposition des
anciens contribuables , il résulte qu'ils
ont été imposés à raison de (PAR EXEMPLE,
QUINZE DENIERS) pour livre de leur
revenu.

Pour établir la proportion de l'imposi-

	l.	s.	d.
D'autre part.	437	12	4

tion des ci-devant privilégiés, avec celle des anciens contribuables, il convient d'augmenter la cote des ci-devant privilégiés (D'UN QUART EN SUS), lequel revient à. 109 8 1

TOTAL de l'imposition de la taille. . . 547 » 5

Plus, pour imposition de la capitation, à raison du cinquième de la susdite somme. 109 8 1

TOTAL de la taille et de la capitation réunies. 656 8 6

Ce qui fait pour les six derniers mois 1789. . . . . 328 4 3

SAVOIR ;

	l.	s.	d.			
Pour taille.	273	10	3	}	328 4 3
Et pour capitation. . . .	54	14	»		

A quoi il faut ajouter,
1. les frais de collecte sur la taille, à raison de 6 den. pour liv. 6 16 6

2. Les droits de collecte

6 16 6   328 4 3

		l.	s.	d.

Ci-contre { hors ligne. 328 4 3

{ en ligne. . . 6 16 6

sur la capitation, à raison
de 2 den. pour liv. . . . . » 9 2

3. Les frais d'asséeurs,
(qui ne peuvent être moin-
dres d'un sou par cote, à
cause du travail extraordi-
naire). . . . . » » »

4. Les frais du scribe,
pour salaire et papier. . . » » »

TOTAL. . . . .

La clôture du rôle sera pure et simple; elle pourroit être conçue en ces termes :

Le présent rôle montant à la somme de
pour taille, et à celle de   pour capitation,
non compris les sommes additionnelles à ces impositions,
a été clos et arrêté par nous officiers municipaux soussignés, en présence des asséeurs de l'année 1789, aussi
soussignés, le

Nota. Il sera fait deux doubles de ce rôle, qui
seront adressés au greffe de l'administration de

MM. les Elus généraux , pour être par eux rendus exécutoires.

Vu à la Chambre des Elus généraux des Etats de Bourgogne , à Dijon , le dix juin mil sept cent quatre - vingt - dix. *Signé* , LE VICOMTE DE BOURBON-BUSSET , PERRET DE FLAVI-GNEROT , GALLIER , GUENEAU D'AU-MONT , et ROUSSELOT , *Secrétaire en chef desdits Etats.*

LETTRES DE COMMISSION

DU ROI,

ADRESSÉES AUX ELUS GÉNÉRAUX,

Pour la confection des rôles de supplément sur
les ci-devant privilégiés en Bourgogne.

Données à Paris, le 21 mars 1790.

Louis, par la grace de Dieu, et par la loi constitutionnelle de l'Etat, Roi des Français : A nos
chers et bien amés les Elus généraux du duché
de Bourgogne, comtés et pays adjacens, Salut.
Nous avons, par notre Déclaration du 27 septembre dernier, sanctionné le Décret de l'Assemblée nationale, du 26 du même mois ; duquel les
articles, I, II et III portent que les rôles des
impositions de l'année 1789 et des années antérieures arriérées, seront exécutés et acquittés en
entier, dans les termes prescrits par les réglemens ;
que, pour les six derniers mois de l'année d'imposition de 1789, il sera fait, dans chaque communauté, un rôle de supplément des impositions
ordinaires et directes, autres que les vingtièmes ;
dans lequel rôle les noms et les biens de tous les
privilégiés qui possèdent des biens en franchise
personnelle ou réelle, seront compris, à raison

de leurs propriétés , exploitations et autres facultés , et leur cotisation faite dans la même proportion et dans la même forme qui auront été suivies pour les impositions ordinaires de la même année , vis-à-vis des autres contribuables ; et que les sommes provenantes de ces rôles de supplément , seront destinées à être réparties en moins imposé sur les anciens contribuables en 1790 , dans chaque province. Nous nous sommes réservé , par ladite Déclaration , de faire , pour l'exécution dudit Décret , les dispositions nécessaires relativement aux divers régimes et modes d'impositions , suivis jusqu'à ce jour dans les différentes provinces du royaume ; nous avons pareillement , par nos Lettres patentes du 29 novembre dernier , sanctionné le Décret de l'Assemblée nationale , du 28 du même mois , portant que les ci-devant privilégiés seront imposés , pour les six derniers mois de 1789 et pour 1790 , en raison de leurs biens , non dans le lieu où ils ont leur domicile , mais dans celui où lesdits biens sont situés. Comme il est instant de faire exécuter , dans le duché de Bourgogne et dans les comtés et pays adjacens , lesdits Décrets , Déclarations et Lettres patentes , nous avons jugé que nous ne pouvions mieux faire que de vous en confier le soin : en conséquence , nous vous avons commis , et par ces présentes signées de notre main , vous commettons à l'effet de procéder aux opérations nécessaires à cet effet, ainsi et de la manière qu'il sera ci-après expliqué.

ARTICLE PREMIER.

Voulons que les rôles des impositions de toute nature, de l'année 1789 et des années antérieures arriérées, soient exécutés et acquittés en entier, dans les termes prescrits par les réglemens; ordonnons en conséquence aux collecteurs préposés et receveurs particuliers des impositions, de faire à cet égard toutes diligences et poursuites nécessaires, dans la forme prescrite par les ordonnances; faisons défenses à toutes personnes de troubler dans leurs fonctions lesdits collecteurs et receveurs particuliers, ainsi que les porteurs de contrainte par eux employés, sous peine de devenir responsables en leur propre et privé nom, du retardement de la perception, et d'être poursuivis aux termes des ordonnances; vous enjoignons à vous, Elus généraux, ainsi qu'aux Officiers municipaux et aux Tribunaux et Juges des impositions, de prêter et faire prêter auxdits collecteurs et receveurs particuliers, tous aide, concours, assistance et appui nécesaires.

I I.

Les rôles de supplément sur les ci-devant privilégiés, pour les six derniers mois de 1789, se-

ront faits, dans chaque ville ou communauté de
Bourgogne, comtés et pays adjacens, par les Officiers municipaux desdites villes et communautés ;
à l'effet de quoi, les Elus généraux de Bourgogne
leur adresseront les mandemens et instructions nécessaires : seront seulement tenus lesdits Officiers
municipaux, d'appeller à la confection des rôles
de supplément, les asséeurs qui ont fait les rôles
de ladite année 1789.

I I I.

Les ci-devant privilégiés seront imposés auxdits
rôles de supplément, dans la proportion des anciens contribuables, à la cote de propriété pour
leurs biens - fonds ; et à la cote d'exploitation,
pour ceux qu'ils auront fait valoir dans le lieu de
la situation desdits fonds.

A l'égard de leur cotisation pour les rentes actives et autres facultés étrangères à la propriété
foncière ou à l'exploitation, elle ne pourra être
faite qu'au lieu de leur domicile.

I V.

Chaque article du rôle de supplément indiquera les nom, demeure et qualité du ci-devant
privilégié cotisé, et les divers détails qui auront
servi de base à sa cotisation.

V.

Lesdits rôles de supplément seront vérifiés et rendus exécutoires en la manière accoutumée, et il en sera déposé un double au greffe des anciens Etats de Bourgogne.

V I.

Les ci-devant privilégiés qui auront des réclamations à former contre leur cotisation, dans aucun desdits rôles de supplément pour les six derniers mois 1789, seront tenus de se pourvoir devant les Elus généraux, qui statueront sommairement sur lesdites réclamations, ainsi qu'il en a été usé jusqu'à présent pour les rôles faits de l'autorité desdits Elus généraux, sauf l'appel au Conseil.

V I I.

Lesdits rôles de supplément sur les ci-devant privilégiés, pour les six derniers mois 1789, seront recouvrés par les collecteurs ordinaires, et le produit d'iceux versé entre les mains des receveurs particuliers des impositions; et par ceux-ci dans la caisse du trésorier général de la province, lequel tiendra les sommes en provenantes à la disposition des Elus généraux de Bourgogne, pour être employées, en 1790, à la décharge des contribuables ordinaires de la province.

V I I I.

Les collecteurs et autres préposés à la perception des taxes supplétives des six derniers mois
1789, recevront pour comptant les quittances des
sommes payées par les contribuables aux décimes
pour la moitié desdites décimes de l'année 1789 ;
et si le montant de la moitié des décimes de l'année 1789 excède le montant de l'imposition ordinaire des six derniers mois de ladite année,
les quittances de cette moitié desdites décimes ne
seront reçues que jusqu'à concurrence dudit montant de l'imposition.

Si vous MANDONS que les présentes vous ayiez
à exécuter et faire exécuter ; MANDONS à tous
corps municipaux du duché de Bourgogne, comtés
et pays adjacens, de se conformer aux ordres et
mandemens que vous leur adresserez à cette fin ;
et tant à eux qu'à tous Officiers justiciers et autres
qu'il appartiendra, de vous prêter aide et main-
forte en cas de besoin, pour la pleine et entière
exécution des présentes : en foi de quoi nous avons
signé et fait contre-signer cesdites présentes, auxquelles nous avons fait apposer le sceau de l'Etat.
A Paris, le 21e. jour du mois de mars de l'an de
grace 1790, et de notre règne le seizième.

Signé LOUIS. *Et plus bas*, par le Roi, DE
SAINT-PRIEST. Vu au conseil. LAMBERT.

LETTRES DE COMMISSION

DU ROI,

ADRESSÉES AUX ELUS GÉNÉRAUX,

Pour la répartition des impositions de l'année 1790, dans le duché de Bourgogne, comtés et pays adjacens.

Données à Paris, le 11 avril 1790

LOUIS, par la grace de Dieu, et par la loi constitutionnelle de l'état, ROI DES FRANÇAIS : A nos chers et bien amés les Elus généraux du duché de Bourgogne, comtés et pays adjacens ; SALUT. Nous avons, par notre Déclaration du 27 septembre dernier, sanctionné le Décret de l'Assemblée nationale, du 26 du même mois, duquel l'article IV porte que, dans les rôles de toutes les impositions de 1790, les ci-devant privilégiés seront cotisés avec les autres contribuables, dans la même proportion et dans la même forme, à raison de toutes leurs propriétés, exploitations et facultés ; nous avons pareillement, par nos Lettres patentes du 29 novembre dernier, sanctionné le Décret du 28 du même mois, portant que les ci-devant privilégiés seront imposés pour les six

derniers mois de 1789 et pour 1790 , en raison
de leurs biens , non dans le lieu où ils ont leur
domicile , mais dans celui où lesdits biens sont
situés. Les besoins de l'Etat ne permettant pas de
différer davantage les opérations relatives à la répartition et au recouvrement des impositions de
l'année 1790 , dans le duché de Bourgogne ,
comtés et pays adjacens , nous vous avons commis , et par ces présentes signées de notre main,
vous commettons à l'effet d'y procéder ainsi et de
la manière qu'il suit :

ARTICLE PREMIER.

Vous répartirez et ferez lever, pendant la présente année 1790 , sur lesdits duchés , comtés
et pays adjacens , les mêmes sommes qui ont été
levées l'année dernière , en vertu tant des Commissions expédiées à cet effet, que des Arrêts du
Conseil et Lettres patentes portant abonnemens
des impositions, savoir : sept cent quatre-vingt-
dix mille six cent cinquante-quatre livres deux
sous six deniers, pour le taillon destiné au paiement de notre Gendarmerie, conformément à nos
Lettres patentes du 29 novembre 1772 ; pour l'entretenement des gens de guerre établis en garni-
sons dans les villes et places de la province; pour
la quote-part de ladite province , dans ce qui est
imposé sur le général du Royaume ; pour la sub-

sistance des troupes que nous sommes obligés de tenir sur pied , pour la sûreté de notre état ; pour l'exemption des gens de guerre dans ladite province , conformément aux articles et conditions précédemment arrêtés à ce sujet en notre Conseil ; et pour la solde , entretenement , subsistance , habillement et autres dépenses concernant les milices , ainsi que pour les quatre deniers pour livre destinés à la retenue des Invalides.

Vous leverez et répartirez les sommes qui ont été levées ou dû l'être l'année dernière , en vertu des Décrets des Etats de 1787 , rendus sur les articles de nos Instructions qui ont été communiqués auxdits Etats , par notre Commissaire , savoir ; pour le troisième tiers de l'octroi ordinaire , dix-sept mille six cent soixante-six livres treize sous quatre deniers ; pour la quote - part des duché et comtés , dans l'imposition de cinquante mille livres , montant de la contribution de la généralité , pour subvenir aux frais de la suppression de la mendicité dans le Royaume , quarante-un mille six cent soixante-six livres treize sous quatre deniers ; pour la solde et entretenement des Maréchaussées établies dans la province , quatre-vingt-sept mille six cent quatorze livres ; pour le troisième tiers du don gratuit accordé par les Etats , de triennalité en triennalité , et pour

le fonds de l'amortissement des capitaux dus par
la province , pour les différens emprunts anciennement faits pour payer les dons gratuits , quatre
cent cinquante mille livres. Vous imposerez aussi
la somme de cinq cent mille livres , pour le contin-
gent dudit duché de Bourgogne et comtés en dépendans , dans la fixation de la capitation dans la
généralité de ladite province , en exécution de
l'Arrêt du Conseil du 5 juin 1717 , et des Lettres
patentes du 22 du même mois , confirmées par
autres Lettres patentes et Arrêts subséquens.

I I.

Vous imposerez et leverez également , pendant
la présente année 1790 , les mêmes sommes qui
ont été levées l'année dernière , pour acquitter
dans la province , à la décharge de notre trésor
royal , diverses sommes pour les troupes , telles
que celles nécessaires pour la consommation des
étapes , pour la fourniture des voitures , ou pour
le transport des équipages desdites troupes , pour
le logement des différentes brigades de Maréchaus-
sée , ainsi que les sommes nécessaires pour la dé-
pense relative aux réparations des chemins , aux
constructions et réparations des ponts et chaussées
et autres ouvrages publics de la province ; celles
destinées tant au paiement de plusieurs droits
abonnés , qu'à celui des intérêts et de divers rem-

boursemens sur les emprunts faits par la province,
pour rachat de différens droits ci-devant abonnés,
ou pour intérêts d'autres capitaux qu'elle doit
pour son propre compte ; enfin , généralement
pour toutes autres dépenses ordinaires dont ladite
province est tenue , et qui ont été décrétées dans
la derniere assemblée des Etats.

I .I I.

TOUTES lesdites sommes mentionnées aux deux
précédens articles , ensemble celles nécessaires
pour faire face aux frais de rôles , de recouvremens et de comptes , taxations , non-valeurs et
autres charges de la province , seront réparties
dans chaque ville, bourg et communauté, par un
seul et même rôle, sur toutes les personnes indistinctement , pour les impôts personnels ; et de
même sur tous les biens-fonds , pour les impositions réelles , et ce au lieu de la situation desdits
biens, sans aucune exception ni distinction.

I V.

LES rôles des impositions ordinaires pour l'année entière 1790 , devant être faits dans chaque
ville et communauté de la Bourgogne , vous adresserez vos mandemens et instructions aux Officiers
municipaux desdites villes et communautés , les-

5

quels pourront appeler à la confection des rôles, des asséeurs en nombre suffisant, ainsi que vous le prescrirez, afin qu'ils puissent avoir des renseignemens certains sur les propriétés, facultés et exploitations de tous les contribuables indistinctement de la même communauté.

V.

Tous les contribuables, sans distinction, seront imposés auxdits rôles des impositions ordinaires, dans la même proportion, à la cote de propriété pour leurs biens-fonds, et à la cote d'exploitation pour ceux qu'ils auront fait valoir dans le lieu de la situation desdits fonds. A l'égard de leur cotisation pour les rentes actives et autres facultés étrangères à la propriété foncière ou à l'exploitation, elle ne pourra être faite qu'au lieu du domicile.

V I.

Chaque article du rôle d'imposition indiquera les nom, demeure et qualité du cotisé, et les divers détails qui auront servi de base à sa cotisation.

V I I.

Lesdits rôles seront vérifiés et rendus exécutoires en la manière accoutumée, et il en sera déposé un double au greffe des anciens Etats de Bourgogne.

V I I I.

CEUX des contribuables qui auront des réclamations à former contre leurs cotisations, seront tenus de se pourvoir provisoirement devant les Elus généraux, qui statueront sommairement sur lesdites réclamations, ainsi qu'il en a été usé jusqu'à présent pour les rôles faits par l'autorité desd. Elus généraux, sauf l'appel au Conseil.

I X.

LES rôles des impositions ordinaires de 1790, seront recouvrés par les collecteurs ordinaires, et le produit d'iceux versé entre les mains des receveurs des impositions, et par ceux-ci dans la caisse du trésorier général de la province, lequel tiendra les sommes en provenant à la disposition des Elus généraux, pour acquitter toutes les charges de la province de l'année 1790.

X.

POUR établir une proportion plus juste de la répartition, et remédier autant qu'il est possible, pour cette année, au défaut de proportion qui peut exister entre les anciennes cotes des différens contribuables dans chaque communauté, on préférera, pour régler le taux des impositions ordinaires de

1790 , les bases qui auront servi à régler l'imposition des ci-devant privilégiés compris dans le
rôle de supplément pour les six derniers mois 1789.

X I.

Le montant des rôles de supplément pour les
six derniers mois 1789, devant tourner à la décharge des anciens contribuables en 1790 , vous
répartirez en moins imposé sur lesdits anciens
contribuables dans chaque ville et communauté,
d'après leur besoin et l'importance de leurs con-
tributions respectives, la totalité des sommes qui
proviendront desdits rôles de supplément, dans
toute la province de Bourgogne , comtés et pays
adjacens , en prenant en considération le soula-
gement qu'aura produit sur chaque communauté ,
l'égalité de la répartition déterminée par des principes plus justes , et d'après des connoissances plus
exactes des propriétés et facultés de chaque contribuable.

X I I.

La province de Bourgogne et les comtés et pays
adjacens, continueront à payer , pour l'année 1790 ,
la même somme d'un million cinq cent cinquante-
six mille cinq cents livres, qu'ils ont payée ou dû
payer l'année dernière , pour tenir lieu des deux

vingtièmes et quatre sous pour livre du premier
vingtième des biens et revenus anciennement contribuables à cette imposition ; à l'effet de quoi ,
vous taxerez lesdits biens et revenus ainsi et de la
même maniere qu'il en a été usé jusqu'à présent.
Vous procéderez en même temps à l'imposition
des biens et revenus nouvellement imposables , en
vertu des décrets de l'Assemblée nationale , par
nous sanctionnés , tels que les biens domaniaux ,
ceux du clergé , de l'ordre de Malthe , des princes
du sang , des hôpitaux et des colleges. Tous lesdits
biens seront cotisés aux lieux de leur situation et
à la suite des cotes des biens anciennement contribuables , à raison des deux vingtièmes et quatre
sous pour livre du premier vingtième ; et le montant' desdites nouvelles taxes sera versé par le trésorier général.de la province , en outre et par-
dessus la somme d'un million cinq cent cinquante-
six mille cinq cents livres, supportée par les biens
anciennement contribuables.

X I I I.

Vous pourrez également confier aux officiers
municipaux la rédaction des nouveaux rôles de vingtièmes , et le soin de taxer les biens nouvellement
imposables , en les obligeant néanmoins de désigner
dans chaque article des rôles , les nom , demeure

et qualités des nouveaux contribuables , et les divers détails qui auront servi de base à leur cotisation. Ces rôles particuliers de vingtièmes seront ensuite ajoutés à ceux des anciens contribuables à cette imposition dans chaque communauté.

Si vous mandons que ces présentes vous ayiez à faire exécuter. Mandons à tous les corps municipaux du duché de Bourgogne , comtés et pays adjacens , d'exécuter les ordres et mandemens que vous leur adresserez à cette fin , et tant à eux qu'à tous officiers justiciers et autres qu'il appartiendra , de vous prêter aide et main-forte en cas de besoin , pour la pleine et entière exécution desdites présentes signées de notre main et scellées du sceau de l'état. Donné à Paris le onzième jour du mois d'avril, l'an de grace mil sept cent quatre-vingt-dix , et de notre règne le seizième. *Signé*, LOUIS. *Et plus bas ,* de Saint-Priest.

INSTRUCTIONS

PUBLIÉES

PAR ORDRE DU ROI,

Le 13 avril 1790 ,

Sur la manière d'opérer les compensations de la moitié des quittances de décimes ou de capitation payées par les ci-devant privilégiés :

Avec leurs cotisations dans les rôles de supplément des six derniers mois 1789.

LA contribution des ecclésiastiques , dans les décimes ou dans les dons-gratuits représentatifs de la capitation , étoit réglée par une seule cote , pour l'universalité des biens dépendans du bénéfice dont ils étoient titulaires dans tel ou tel diocèse.

Les nobles , privilégiés et officiers de judicature ou finance , précédemment cotisés à la capitation dans des rôles particuliers arrêtés au conseil , et les officiers , dont la capitation étoit retenue sur leurs gages employés dans les états du Roi , acquittoient de même leur contribution à la capitation, par une seule taxe relative à l'universalité de leurs facultés.

Pour l'année entière 1789, les ecclésiastiques, nobles et autres ci-devant privilégiés, ont encore acquitté de cette manière, les décimes ou la capitation.

Mais en vertu du Décret de l'Assemblée nationale, du 26 septembre dernier, tous les ci-devant privilégiés ont dû être, en outre, cotisés aux impositions ordinaires, par un rôle de supplément pour les six derniers mois 1789, à raison de leurs propriétés, exploitations et facultés, dans la même proportion que tous les anciens contribuables. Il devenoit dès-lors indispensable, pour qu'ils n'éprouvassent point une double cotisation pour le même espace de temps, de décider que la *moitié* des décimes ou de la capitation qu'ils justifieroient avoir acquittée suivant l'ancienne forme, pour l'année entière 1789, seroit compensée jusqu'à due concurrence avec les cotes nouvelles qui leur seroient demandées pour les six derniers mois de la même année 1789.

Ces sortes de compensations s'opéroient précédemment, en remettant pour comptant au per-

cepteur chargé de recouvrer la cote plus forte,
un *duplicata* de la quittance délivrée par le per-
cepteur qui avoit reçu en espèces le paiement de
la cote plus foible.

Mais cette forme ne peut point être suivie aujourd'hui, parce que les ci-devant privilégiés ont
été cotisés pour les six derniers mois 1789, en
exécution des Décrets de l'Assemblée nationale,
sanctionnés par le Roi, au lieu de la situation de
chacune de leurs propriétés; et qu'ainsi leur seconde imposition pour les six derniers 1789, se
trouve souvent divisée en plusieurs rôles, dont
quelques-uns peuvent même appartenir à différentes généralités.

En conséquence, pour faciliter cette compensation de l'ancienne imposition sur la nouvelle, compensation qui est de toute justice à l'égard desdits
ci-devant privilégiés, mais qui en même temps
doit être exacte, pour que le produit des rôles
des six derniers mois 1789, ne soit point diminué
au-delà de la quotité du remboursement légitime,
par des quittances reçues avec trop de facilité par
les collecteurs des campagnes.

Sa Majesté a prescrit par la présente instruction , les formes qu'elle entend être observées dans les différentes provinces du royaume.

ARTICLE PREMIER.

LES ecclésiastiques et autres ci-devant privilégiés acquitteront en totalité les décimes et la capitation auxquelles ils auront été taxés pour l'année entière 1789 , et dont le produit appartient au trésor public. Ils auront soin de s'en faire délivrer , par les receveurs, une quittance qu'ils garderont pardevers eux , et un *duplicata* de ladite quittance , dont ils feront usage , ainsi qu'il sera ci-après expliqué.

LES ci-devant privilégiés , qui paient la capitation par retenue sur leurs gages , se procureront un certificat de la retenue qui aura lieu sur leurs gages de 1789.

II.

LA *moitié* des décimes que les ecclésiastiques justifieront avoir acquittées pour l'année entière 1789 , sera compensée avec les impositions auxquelles ils auront été cotisés dans les rôles de supplément des six derniers mois 1789 , pour les *biens dépendans de leurs bénéfices seulement ;* le paiement desdites décimes ne pouvant entrer en compensation avec l'imposition qui leur seroit de-

mandée pour des biens par eux possédés patrimo-
nialement.

I I I.

Les ecclésiastiques qui faisoient partie des clergés
des frontières, pourront de même demander, conformément aux proclamations du Roi, rendues pour
l'exécution, dans lesdites provinces, des Décrets
de l'Assemblée nationale, concernant les impositions, la compensation de *la moitié* de leur contribution en 1789, dans le don gratuit desdits
clergés, représentatif de la capitation et accessoires, mais non de leur contribution dans l'abon-
nement distinct du susdit don gratuit représentatif
de la capitation, dont ils jouissoient pour les vingt-
tièmes. En conséquence, les ecclésiastiques lorrains, qui ne contribuoient qu'aux vingtièmes et
n'acquittoient point de don gratuit pour la capitation qui n'avoit point lieu en Lorraine, n'auront
aucune compensation à demander sur la cotisation
des biens dépendans de leurs *bénéfices lorrains*
dans les rôles de supplément des six derniers mois
1789.

Seront tenus au surplus les collecteurs des villes
et communautés de Lorraine, de recevoir pour
comptant, sans aucune difficulté, les ordonnances
de compensation qui seront expédiées dans la forme

prescrite ci - après , en faveur des ecclésiastiques des provinces voisines, payant les décimes ou le don gratuit représentatif de la capitation, qui se trouveroient cotisés dans les rôles de supplément de Lorraine, pour des biens dépendans de ceux de leurs bénéfices , dont le chef-lieu seroit situé hors de Lorraine.

I V.

Les ecclésiastiques seront tenus , pour se procurer les compensations qui leur seront légitimement dues sur les impositions ordinaires , auxquelles ils seront cotisés pour les six derniers mois 1789 , d'adresser à la commission intermédiaire ou autres administrateurs de la province dans laquelle se trouvera situé , suivant l'ancienne division du royaume, le chef-lieu du bénéfice pour lequel ils contribuoient aux décimes , un mémoire auquel il sera joint : 1°. le *duplicata* de la quittance des décimes qu'ils auront acquittées pour 1789, à raison dudit bénéfice ; 2°. une note détaillée par communauté, de toutes les impositions qui pourront leur être demandées pour les biens *dépendans du même bénéfice* , en vertu de rôles de supplément des six derniers mois 1789; en ayant soin toutefois de ne porter dans cette note que les impositions à eux demandées dans des communautés dépendantes de l'ancienne division par intendances ou généralités comprenant le chef-lieu de leur bénéfice.

V.

Les nobles et autres ci-devant privilégiés, qui seront dans le cas de réclamer la compensation de la *moitié* de leur capitation de 1789, joindront de même à leur mémoire, un *duplicata* de leur quittance de capitation privilégiée, et la note détaillée des impositions qui leur seront demandées pour les six derniers mois 1789, dans les différentes communautés de la généralité ou intendance à laquelle leur cote privilégiée de capitation appartenoit, et ils présenteront ce mémoire à la commission intermédiaire ou autres administrateurs de ladite province.

V I.

Lorsque les directoires des nouveaux départemens seront en activité, les mémoires devront être adressés au directoire du département dans lequel se trouvera situé le chef-lieu du bénéfice pour les ecclésiastiques, et pour les autres ci-devant privilégiés, le domicile où ils avoient été capités en 1789 ; mais la note de leurs cotisations dans les rôles de supplément de 1789, qui devra être jointe à leur mémoire, comprendra toutes les impositions auxquelles ils se trouveront cotisés dans

les communautés de l'ancienne division par intendances ou généralités à laquelle appartenoit leur
bénéfice ou leur capitation, quand bien même
quelques-unes de ces communautés ne dépendroient
point de l'arrondissement du nouveau département.

V I I.

Sur le vu desdits mémoires et pièces à l'appui,
les commissions intermédiaires ou autres administrateurs actuels, et par la suite les directoires de
département, lorsqu'ils seront en activité, délivre-
ront à chacun des ci-devant privilégiés qui se seront
pourvus, autant d'ordonnances de compensation
que les ci-devant privilégiés auront été imposés
dans des communautés différentes, en ayant soin
que le montant de l'ordonnance de compensation
à donner pour comptant dans telle communauté,
soit égal à la cotisation faite dans le rôle de ladite
communauté; sauf à n'expédier pour la dernière
paroisse qu'une ordonnance inférieure à la cotisation faite dans ladite communauté, si cela est
nécessaire, pour que le total réuni desdites ordonnances de compensation, n'excède point la
moitié de la quittance de décimes ou de capitation, représentée.

V I I I.

Dans le cas où les cotisations réunies qui seront

demandées à un ecclésiastique dans l'étendue d'une province , suivant l'ancienne division du royaume , ne compléteroient point la *moitié* de ses décimes , et où ce même ecclésiastique se trouveroit également cotisé pour les six derniers mois 1789 , dans quelque généralité voisine , à raison d'autres biens dépendans *du même bénéfice ;* alors il indiquera cette même généralité sur laquelle il desirera obtenir le complément de la compensation ; et la première commission intermédiaire devant laquelle il se sera pourvu , lui délivrera le certificat dont le modèle suit :

Nous , membres de la commission intermédiaire provinciale de (l'Isle-de-France) , *certifions à MM. de la commission intermédiaire provinciale de* (l'Orléanois) , *qu'après avoir délivré à M.* . . . . . . (Prieur de) . . . . . . *sur la moitié des décimes auxquelles il avoit été imposé en 1789 , pour la totalité des biens* (du susdit prieuré) , *desquelles décimes la quittance par* duplicata *est déposée dans nos archives ,* (cinq) *ordonnances de compensation à imputer sur les cotes d'impositions qui lui ont été demandées pour les six derniers mois 1789 , dans les rôles de supplément des différentes communautés dépendantes de l'ancienne division de la province*

(de l'Isle-de-France), *il lui reste encore à réclamer pardevant vous , de nouvelles compensations , jusqu'à concurrence de la somme de*
*sur les impositions auxquelles
il peut se trouver cotisé dans les rôles de supplément de votre province , pour les autres biens
dépendans du même prieuré de* ,
qui y sont situés.

F*AIT* à ce

I X.

I*L* sera également délivré des certificats qui
auront le même objet, aux nobles, officiers de
justice et autres ci-devant privilégiés, dont la
moitié de la capitation n'aura pas été absorbée
par le montant de leurs cotisations dans les rôles
de supplément de la généralité où ils étoient domiciliés, et qui seront dans le cas de réclamer le
complément de la compensation dans une autre
généralité où ils posséderont aussi des biens.

X.

E*N* vertu de ces certificats , les ecclésiastiques et
autres ci-devant privilégiés qui les auront obtenus ,
se pourvoiront devant la seconde commission intermédiaire , comme ils l'avoient fait devant la premiere , en joignant à leur mémoire , 1°. ce cer-

tificat ; 2°. la note des impositions à eux demandées dans cette seconde province , pour y obtenir
le complément de compensation qui leur sera dû.

X I.

A l'égard des ecclésiastiques imposés dans les
rôles de supplément de capitation , à former pour
les six derniers mois 1789 , dans la ville de Paris ,
il sera nécessaire de distinguer si le bénéfice pour
lequel ils auront payé les décimes en 1789 , est
situé dans la ville de Paris , ou bien dans l'étendue de la généralité de l'Isle de France , ou autres
provinces.

X I I.

Si le chef-lieu du bénéfice est dans la ville de
Paris , il sera encore nécessaire de distinguer si
quelques-uns des biens dépendant de ce bénéfice
sont situés dans la province de l'Isle de France
ou autres provinces , ou s'ils le sont en totalité
dans l'enceinte de la ville de Paris.

Dans le cas où quelques-uns des biens appar-
tenant au bénéfice dont le chef-lieu seroit à Paris ,
seroient situés dans la province de l'Isle de France ,
alors l'ecclésiastique , titulaire de ce bénéfice , sera
tenu de se pourvoir d'abord , ainsi qu'il a été ci-
dessus expliqué par l'article I V , devant la com-

mission intermédiaire de l'Isle de France, en joignant à son mémoire le *duplicata* de sa quittance de décimes, et la note des impositions qui lui auroient été demandées dans les rôles de supplément de la province de l'Isle de France.

Dans le cas où les ordonnances de compensation, délivrées audit ecclésiastique par la commission intermédiaire de l'Isle de France, ne suffiroient point pour absorber la *moitié* de ses décimes de 1789 ; et où il posséderoit encore, dans d'autres provinces, des biens dépendant du même bénéfice, ladite commission intermédiaire de l'Isle de France lui délivrera un certificat pour la commission intermédiaire de la province voisine, dans la forme indiquée par l'article VIII précédent. Enfin, ledit ecclésiastique ne pourra se pourvoir en définitif devant la municipalité de Paris, en attendant que le directoire du département de Paris soit en activité, pour obtenir une compensation quelconque sur l'imposition qui lui sera demandée dans les rôles supplétifs de cette ville, pour les six derniers mois 1789, que dans le cas où toutes les ordonnances de compensation, qui lui auroient été accordées pour des impositions faites hors de cette ville, n'auroient point suffi pour compléter la *moitié* de ses décimes de 1789.

Si tous les biens dépendant du bénéfice dont

le titulaire se trouvera imposé dans les rôles de la
ville de Paris, sont situés dans l'enceinte de ladite
ville, ledit bénéficier se pourvoira, dans la forme
prescrite par l'article IV précédent, devant la municipalité de la ville de Paris, en attendant que
le directoire du département soit en activité, pour
obtenir l'ordonnance de compensation qu'il aura
à réclamer.

XIII.

Dans le cas où l'ecclésiastique domicilié à Paris,
et compris dans les rôles de supplément de cette
ville, pour les six derniers mois 1789, n'y posséderoit aucun bénéfice, il ne pourra y réclamer,
auprès de la municipalité, une ordonnance de compensation, qu'autant que quelques-uns des biens
dépendant d'un bénéfice qu'il posséderoit hors de
Paris, seroient situés dans cette ville, et que la
moitié des décimes qu'il auroit payées à raison
dudit bénéfice, n'auroit point été absorbée en totalité par les ordonnances de compensation à lui
déja accordées par les Administrateurs de celles des
provinces où seroient situés le chef-lieu ou quelques dépendances de son bénéfice.

XIV.

A l'égard des nobles, officiers de judicature et
autres ci-devant privilégiés, domiciliés dans la ville

de Paris , et qui auront été cotisés à la capitation en
1789 , soit dans les rôles de ladite ville , soit dans
celui de la Cour , si lesdits ci-devant privilégiés
se trouvoient imposés hors de Paris , dans des rôles
de supplément de quelques autres communautés ,
pour les six derniers mois 1789 , ils se pourvoiront , dans la forme indiquée par l'article V précédent , devant la commission intermédiaire de la
province où ils auront été cotisés , pour obtenir les
ordonnances de compensation qu'ils auront à réclamer , jusqu'à concurrence de la moitié de leur capitation payée à Paris pour 1789 , pourvu qu'ils
ne possèdent aucune propriété foncière dans ladite
ville de Paris , ce qu'ils seront tenus de déclarer
par leur mémoire.

X V.

Si au contraire ils y sont propriétaires de quelques maisons ou autres biens-fonds , ils seront
tenus de se pourvoir devant la commission intermédiaire de l'Isle de France , en joignant à leur
mémoire , non-seulement le *duplicata* de leur quittance de capitation pour l'année entière 1789 , et
la note des impositions qui leur seront demandées
dans la province de l'Isle de France , ou autres provinces , mais encore la quittance des vingtièmes
qu'ils auront payés pour l'année 1789 , à raison
desdites maisons.

X V I.

D'APRÈS ladite imposition aux vingtièmes , la
commission intermédiaire de l'Isle de France calculera le revenu desdites maisons et biens-fonds ;
elle évaluera ensuite ce que lesdits ci-devant privilégiés auroient été dans le cas de payer d'impositions ordinaires pour une demi-année dans la
généralité de Paris , à raison de ces biens-fonds ,
s'ils y eussent été situés , et déduira cette cotisation ainsi évaluée pour six mois , sur la moitié de leur capitation privilégiée , pour que le surplus seulement soit admis en compensation avec
les cotisations demandées auxdits ci-devant privilégiés , dans les rôles de supplément d'autres villes
et communautés.

D'après les ordres du Roi ,
ce 13 avril 1790.

Signé , LAMBERT.

120

www.ingramcontent.com/pod-product-compliance
Lightning Source LLC
Chambersburg PA
CBHW070855280326
41934CB00008B/1448